新疆沙漠地区公路工程定额及新疆罗布泊地区盐岩路基预算定额

Xinjiang Shamo Diqu Gonglu Gongcheng Ding'e
ji Xinjiang Luobupo Diqu Yanyan Luji Yusuan Ding'e

新疆维吾尔自治区交通运输厅　主编

人民交通出版社股份有限公司

北　京

图书在版编目(CIP)数据

新疆沙漠地区公路工程定额及新疆罗布泊地区盐岩路基预算定额/新疆维吾尔自治区交通运输厅主编.—北京:人民交通出版社股份有限公司,2022.7
ISBN 978-7-114-18006-4

Ⅰ.①新… Ⅱ.①新… Ⅲ.①沙漠带—道路工程—建筑经济定额—新疆②罗布泊—公路路基—预算定额 Ⅳ.①U415.13

中国版本图书馆 CIP 数据核字(2022)第 092200 号

新疆沙漠地区公路工程定额
及新疆罗布泊地区盐岩路基预算定额

新疆维吾尔自治区交通运输厅 主编
人民交通出版社股份有限公司出版发行
(100011)北京市朝阳区安定门外外馆斜街 3 号
各地新华书店经销
北京交通印务有限公司
开本:880×1230 1/32 印张:2.625 字数:86 千
2022 年 7 月 第 1 版
2022 年 7 月 第 1 次印刷
定价:24.00 元
ISBN 978-7-114-18006-4

内 容 提 要

本书是地区性公路专业特殊项目定额,包括:新疆沙漠地区公路工程定额,适用于新疆沙漠地区公路工程计价,是编制沙漠地区公路工程估算、概算、预算的依据;新疆罗布泊地区盐岩路基预算定额,适用于新疆罗布泊地区盐岩路基工程计价,是编制盐岩路基工程施工图预算的依据。

关于印发《新疆沙漠地区公路工程定额》
及《新疆罗布泊地区盐岩路基预算定额》的通知

新交建管〔2022〕8 号

伊犁哈萨克自治州交通运输局,各地(州、市)交通运输局,交通建设管理局、公路管理局、交投集团：

  为加强我区公路工程造价管理,合理确定和有效控制我区公路工程建设项目投资,根据交通运输部《公路工程建设项目概算预算编制办法》(JTG 3830—2018)、《公路工程预算定额》(JTG/T 3832—2018)等有关规定,结合我区公路工程建设实际,编制完成了《新疆沙漠地区公路工程定额》及《新疆罗布泊地区盐岩路基预算定额》(以下简称"两个专项定额"),现印发给你们,有关事项通知如下：

  一、两个专项定额由自治区交通运输厅负责管理,日常解释和管理工作由自治区公路工程造价管理局负责。请有关单位注意在实践中总结经验,及时将发现的问题和修改建议函告自治区公路工程造价管理局。

  二、两个专项定额自发布之日起施行。原《关于发布〈新疆沙漠地区公路工程定额〉(试行)的通知》(新交造价〔2008〕1 号)及《关于发布〈新疆罗布泊地区盐岩路基预算定额〉的通知》(新交造价〔2010〕1 号)同时废止。

新疆维吾尔自治区交通运输厅
2022 年 4 月 13 日

编 制 单 位

主 编 单 位：新疆维吾尔自治区交通运输厅
参 编 单 位：新疆维吾尔自治区公路工程造价管理局
　　　　　　长沙理工大学
　　　　　　新疆交通规划勘察设计研究院有限公司

审定委员会

主 任 委 员：李学东
副主任委员：艾山江·艾合买提　王永轩　郭　胜　高仙桂　郑明权
委　　　员：段明社　孙宪魁　孔令忠　潘林伍　陈建壮　孙　进　孟令杰　王　燕　阿合买江·尤努斯
　　　　　　叶　涛　李国华　孙泽强　余宏泰　李建国　王　才　时德明　刘茹吟　王　洁　董　泓
　　　　　　海自玲　罗凤玉　何利民

编 写 人 员

主　　　编：张崇新　周欣弘　员　兰　王　华　王首绪
编 写 人 员：李晶晶　安敏辉　刘伟军　杨传萍　胡振山　李淑玲　朱玉萍　叶志国　姚博仁　王广平
　　　　　　杉木哈尔·哈那提　罗小刚　徐小勇　杨玉胜　赵　娜　曾　明　黄玥葳　黄文凯　翟永杰
　　　　　　韩　锋　梁　庆　包亚明　刘峥敏　刘　露　王　红　路　强

目 录

新疆沙漠地区公路工程定额

总说明 ………………………………………………………………………………………… 3

第一部分 预算定额

第一章 路基工程 …………………………………………………………………………… 9

1-1-23新 原地面清理 …………………………………………………………………… 9
1-1-24新 推土机推沙 …………………………………………………………………… 10
1-1-25新 挖掘机挖装风积沙 …………………………………………………………… 11
1-1-26新 自卸汽车运输风积沙 ………………………………………………………… 12
1-1-27新 机械碾压沙基 ………………………………………………………………… 13
1-1-28新 整型碾压沙基包边土 ………………………………………………………… 15
1-1-29新 整修沙基 ……………………………………………………………………… 16

第二章 路面工程 …………………………………………………………………………… 17

2-1-18新 铺设编织布 …………………………………………………………………… 17
2-1-19新 砂砾底基层养护 ……………………………………………………………… 18
2-1-20新 路面基层养护 ………………………………………………………………… 19

第七章　临时工程 ·· 20

7-1-7新　修筑沙漠区砂砾便道 ··· 20

7-1-8新　养护沙漠区砂砾便道 ··· 21

7-1-9新　砂砾料运输汽车掉头平台 ··· 22

7-1-10新　砂砾料转运场 ·· 23

7-1-11新　推挖集水坑 ·· 24

第二部分　概　算　定　额

第一章　路基工程 ·· 27

1-1-23新　原地面清理 ·· 27

1-1-24新　推土机推沙 ·· 28

1-1-25新　挖掘机挖装风积沙 ··· 29

1-1-26新　自卸汽车运输风积沙 ··· 30

1-1-27新　机械碾压沙基 ··· 31

1-1-28新　整型碾压沙基包边土 ··· 33

1-1-29新　整修沙基 ·· 34

第二章　路面工程 ·· 35

2-1-12新　铺设编织布 ·· 35

2-1-13新　砂砾底基层养护 ··· 36

2-1-14新　路面基层养护 ··· 37

第七章　临时工程······38

7-1-7新　修筑沙漠区砂砾便道······38

7-1-8新　养护沙漠区砂砾便道······39

7-1-9新　砂砾料运输汽车掉头平台······40

7-1-10新　砂砾料转运场······41

7-1-11新　推挖集水坑······42

第三部分　估 算 指 标

第一章　路基工程······45

1-11新　推土机推沙······45

1-12新　挖掘机挖装风积沙······46

1-13新　自卸汽车运输风积沙······47

1-14新　填沙路基······48

1-15新　路基零星工程······49

第二章　路面工程······50

2-9新　路面附属工程······50

第七章　临时工程······51

7-5新　沙漠区砂砾便道······51

7-6新　沙漠区其他临时工程······52

附录1　定额材料单价表······53

附录 2　机械台班费用定额 ·· 54

<h2 style="text-align:center">新疆罗布泊地区盐岩路基预算定额</h2>

总说明 ·· 59

 1－1－30 新　盐岩便道 ··· 61

 1－1－31 新　原地面整平碾压 ··· 62

 1－1－32 新　推土机推盐岩 ··· 63

 1－1－33 新　装载机装盐岩 ··· 64

 1－1－34 新　自卸汽车运输盐岩 ··· 65

 1－1－35 新　机械碾压盐岩路基 ··· 66

 1－1－36 新　整修盐岩路基 ··· 67

 1－1－37 新　机械开挖集水坑 ··· 68

 1－1－38 新　洒水车洒卤水 ··· 69

附录　机械台班费用定额 ··· 70

新疆沙漠地区公路工程定额

总 说 明

一、《新疆沙漠地区公路工程定额》(以下简称"本定额")是地区性公路专业特殊项目定额,适用于新疆沙漠地区公路工程计价,是编制沙漠地区公路工程估算、概算、预算的依据。

二、本定额包括预算定额、概算定额、估算指标。与一般地区公路工程相同的项目,遵从交通运输部《公路工程建设项目投资估算编制办法》(JTG 3820—2018)、《公路工程建设项目概算预算编制办法》(JTG 3830—2018);与交通运输部《公路工程估算指标》(JTG/T 3821—2018)、《公路工程概算定额》(JTG/T 3831—2018)、《公路工程预算定额》(JTG/T 3832—2018)(以下简称《预算定额》)、《公路工程机械台班费用定额》(JTG/T 3833—2018)(以下简称《机械台班定额》)及《新疆维吾尔自治区公路建设项目估概预算编制办法补充规定》(新交规〔2021〕1号)(以下简称《补充规定》)配套使用。

三、本定额按每工日8h计算。

四、本定额的基价是人工费、材料费、机械使用费的合计价值。基价中的人工费、材料费按《预算定额》附录四计算,新增材料单价按本定额中"附录1 定额材料单价表"计算。机械台班单价按《机械台班定额》计算,新增机械台班单价按本定额中"附录2 机械台班费用定额"计算。

五、定额说明及工程量计算规则。

(一)概预算定额。

1. 原地面清理:按清理内容分2目,清理、整平、碾压以1000m^2为定额单位,伐树挖根以10棵为定额单位。

2. 推土机推沙:以1000m^3天然密实方为定额单位,按推土机功率不同分3目。

3. 挖掘机挖装风积沙：以1000m³天然密实方为定额单位，按挖掘机斗容量不同分2目。

4. 自卸汽车运输风积沙：以1000m³天然密实方为定额单位，按自卸汽车装载质量不同分5目。该定额适用于风积沙平均运距在15km及以内的运输，当平均运距超过15km时，应按《补充规定》执行。

5. 机械碾压沙基：分振动干压实和振动湿压实两表，每表分填方沙基压实、零填及挖方路基2目。填方沙基压实以1000m³压实方为定额单位，按风积沙的推运方式不同分推土机推沙和汽车远运沙2个子目；零填及挖方路基以1000m²为定额单位。振动干压实汽车远运沙压实洒水车台班费用为自卸汽车在沙基上行驶、掉头时的措施费。

6. 整型碾压沙基包边土：按包边土材料不同分2目，以1000m³压实方为定额单位。包边土不含洒水费用，如需洒水，洒水费用另计；定额中包边土消耗量为堆方数量，包边土的挖装、运输另计。

7. 整修沙基：分整修路拱和整修边坡2目。整修路拱以1000m²为定额单位，整修边坡以1km为定额单位；整修边坡适用于沙基路段，综合了路堑段积沙平台的整修，不适用于包边土路段边坡整修工作。

8. 铺设编织布：以铺设编织布编1目，以1000m²为定额单位。

9. 砂砾底基层养护：以1000m²·月为定额单位，根据沙漠公路工程递进法施工特点，砂砾底基层养护按2个月计列。

10. 路面基层养护：以1000m²清沙面积为定额单位，适用于面层铺筑前的基层清沙。

11. 修筑沙漠区砂砾便道：以1km为定额单位，按便道路基路面宽不同分2目，根据不同地形条件和沙区分4个子目。沙漠区砂砾便道指料场（远运风积沙料场、拌和站、预制场）等至路线间运输距离。便道宽度及长度由设计提出。

12. 养护沙漠区砂砾便道：以km·月为定额单位，按便道路面宽不同分2目。便道养护时间根据各料场、拌和站、预制场使用时间确定。

13. 砂砾料运输汽车掉头平台：以10处为定额单位，按公路等级不同分2目，适用于沙漠区砂砾底基层递进法施工时汽车运输掉头作业，一般按路线每200～300m设一处计算。

14. 砂砾料转运场：以铺设面积10000m² 为定额单位，适用于沙漠区递进法施工作业段，一般按路线每30km设一处计算。

15. 推挖集水坑：以1处为定额单位，按推挖体积计价，适用于沙漠公路适宜的水源推挖，一般按路线每10km设一处计算，体积大小根据地下水状况由设计提出。

(二)估算指标。

1. 推土机推沙：以1000m³ 天然密实方为定额单位，按推土机功率不同分3目，包含原地面清理、推运沙、卸沙等全部工序。

2. 挖掘机挖装风积沙：以1000m³ 天然密实方为定额单位，包含原地面清理、挖掘机挖沙装车等全部工序。

3. 自卸汽车运输风积沙：以1000m³ 天然密实方为定额单位，按自卸汽车装载质量不同分3目，包含等待装车、运输、卸沙、空回。

4. 填沙路基：以1000m³ 压实方为定额单位，按公路等级不同分2目。原地面清理后回填至原地面高程所需的风积沙数量并入路基填方数量内。

5. 路基零星工程：以1km为定额单位，按公路等级不同分2目，包含整修路拱、整修边坡、零填及挖方路基碾压等全部工序。

6. 路面附属工程：以1000m² 为定额单位，包含铺设编织布、路面基层及砂砾底基层养护等全部工序。

7. 沙漠区砂砾便道：以1km为定额单位，按便道路(沙)基路面宽不同分2目，根据不同地形条件和沙区分4个子目，包含砂砾便道路基、铺设编织布、路面、养护等全部工序。

8 沙漠区其他临时工程：以1公路公里为定额单位，包括放样、掉头平台、转运场、集水坑等内容。

(三)土方体积的计算。

沙基挖方按天然密实体积计算，填方按压实后的体积计算。当以填方压实体积为工程量，采用以天然密实方为计量单位的定额时,所采用的定额乘以下系数。

公路等级	作业方式	
	推挖铲沙	汽车运输沙
二级及以上等级公路	1.14	1.17
三、四级公路	1.11	1.14

六、沙漠公路工程定额取费要求。

1. 施工机械使用费:采用本定额附录2机械时,施工机械台班费用中的不变费用乘以系数1.2;
2. 原地面清理、推土机推沙、挖掘机挖装风积沙、机械碾压沙基、整型碾压沙基包边土、整修沙基按土方取费;
3. 自卸汽车运输风积沙按运输取费;
4. 铺设编织布、砂砾底基层养护、路面基层养护、沙漠区砂砾便道的修筑及养护按路面取费;
5. 砂砾料运输汽车掉头平台、转运场、集水坑按构造物Ⅰ取费。

七、定额中沙区划分:中、轻沙区为固定沙丘或沙区(沙垄、沙堆、沙山地段)密度分布小于50%、高度小于10m;重沙区为沙丘密度分布大于50%、高度大于10m。

第一部分 预算定额

第一章 路基工程

1-1-23新 原地面清理

工程内容 推土机推挖原地面盐壳、芦苇、杂草等,推弃路基外、推土机整平、压路机碾压;人工伐树配合推土机挖根、运出路基外。

单位:表列单位

顺序号	项目	单位	代号	清理、整平、碾压 (1000m²)	伐树挖根(直径10cm以上) (10棵)
				1	2
1	人工	工日	1001001	0.4	1.9
2	165kW以内履带式推土机	台班	8001007	0.10	0.05
3	280kW以内(D8N)履带式推土机	台班	8001133新	0.20	—
4	20t以内双驱振动压路机	台班	8001135新	0.19	—
5	基价	元	9999001	1076	297

注:清表平均厚度30cm,超过30cm部分按推土机推沙计。

1−1−24新 推土机推沙

工程内容 推运沙、卸沙、空回、整理。

单位：1000m³ 天然密实方

顺序号	项 目	单位	代 号	推土机功率					
				165kW 以内		240kW 以内		280kW 以内	
				第一个 20m	每增运 10m	第一个 20m	每增运 10m	第一个 20m	每增运 10m
				1	2	3	4	5	6
1	人工	工日	1001001	0.3	—	0.3	—	0.3	—
2	165kW 以内履带式推土机	台班	8001007	0.94	0.38	—	—	—	—
3	240kW 以内履带式推土机	台班	8001008	—	—	0.67	0.27	—	—
4	280kW 以内(D8N)履带式推土机	台班	8001133 新	—	—	—	—	0.50	0.20
5	基价	元	9999001	1813	720	1610	636	1390	543

注：上坡推运的坡度大于10%时，按坡面的斜距乘以表格系数作为运距。

坡度(%)	10~20	20~25	25~30
系数	1.5	2	2.5

1-1-25新　挖掘机挖装风积沙

工程内容　挖掘机挖沙装车、清理工作面。

单位:1000m³ 天然密实方

顺序号	项目	单位	代号	挖掘机斗容量	
				1.0m³ 以内	2.0m³ 以内
				1	2
1	人工	工日	1001001	0.5	0.5
2	105kW 以内履带式推土机	台班	8001004	0.24	0.13
3	1.0m³ 以内履带式液压单斗挖掘机	台班	8001027	1.60	—
4	2.0m³ 以内履带式液压单斗挖掘机	台班	8001030	—	0.96
5	基价	元	9999001	2248	1648

注:不装车时,挖掘机消耗量应乘以系数0.87。

1－1－26新 自卸汽车运输风积沙

工程内容 等待装车、运输、卸沙、空回。

单位：1000m³ 天然密实方

顺序号	项目	单位	代号	自卸汽车装载质量									
				10t 以内		12t 以内		15t 以内		20t 以内		30t 以内	
				第一个 1km	每增运 0.5km	第一个 1km	每增运 0.5km	第一个 1km	每增运 0.5km	第一个 1km	每增运 0.5km	第一个 1km	每增运 0.5km
				1	2	3	4	5	6	7	8	9	10
1	10t 以内自卸汽车	台班	8007015	7.12	1.04	—	—	—	—	—	—	—	—
2	12t 以内自卸汽车	台班	8007016	—	—	6.26	0.92	—	—	—	—	—	—
3	15t 以内自卸汽车	台班	8007017	—	—	—	—	5.36	0.82	—	—	—	—
4	20t 以内自卸汽车	台班	8007019	—	—	—	—	—	—	4.19	0.56	—	—
5	30t 以内自卸汽车	台班	8007020	—	—	—	—	—	—	—	—	3.23	0.45
6	基价	元	9999001	5405	790	5268	774	4968	760	4695	627	4381	610

1–1–27新　机械碾压沙基

Ⅰ．振动干压实

工程内容　推土机推沙基干压实：推土机整平排压、平地机精平、压路机振动压实。
汽车远运沙基干压实：推土机整平排压、平地机精平、压路机振动压实、适量洒水。
零填及挖方路基：推土机整型排压、压路机振动压实。

单位：表列单位

顺序号	项目	单位	代号	填方沙基干压实				零填及挖方路基	
				推土机推沙		汽车远运沙			
				高速、一级公路	二级及以下公路	高速、一级公路	二级及以下公路	高速、一级公路	二级及以下公路
				1000m³				1000m²	
				1	2	3	4	5	6
1	人工	工日	1001001	0.4	0.4	1.2	1.2	0.2	0.2
2	150kW以内自行式平地机	台班	8001060	0.10	0.10	0.15	0.15	—	—
3	280kW以内(D8N)履带式推土机	台班	8001133新	0.31	0.31	0.18	0.18	0.13	0.13
4	20t以内双驱振动压路机	台班	8001135新	0.68	0.45	1.07	0.83	0.32	0.27
5	8000L以内洒水汽车	台班	8007042	—	—	0.62	0.62	—	—
6	基价	元	9999001	2107	1743	3090	2710	880	801

II. 振动湿压实

工程内容 推土机推沙基湿压实:推土机整平排压、平地机精平、压路机振动压实。
汽车远运沙基湿压实:推土机整平排压、平地机精平、压路机振动压实。
零填及挖方路基:推土机整型排压、压路机振动压实。

单位:表列单位

顺序号	项目	单位	代号	填方沙基湿压实				零填及挖方路基	
				推土机推沙		汽车远运沙			
				高速、一级公路	二级及以下公路	高速、一级公路	二级及以下公路	高速、一级公路	二级及以下公路
				1000m³				1000m²	
				7	8	9	10	11	12
1	人工	工日	1001001	0.8	0.8	2.4	2.4	0.2	0.2
2	150kW以内自行式平地机	台班	8001060	0.10	0.10	0.18	0.18	—	—
3	20t以内振动压路机	台班	8001090	0.49	0.32	0.77	0.60	0.23	0.20
4	280kW以内(D8N)履带式推土机	台班	8001133新	0.31	0.31	0.18	0.18	0.13	0.13
5	基价	元	9999001	1792	1543	2138	1888	712	668

1-1-28新 整型碾压沙基包边土

工程内容 人工配合装载机整型、平地机精平、压路机压实。

单位：1000m³ 压实方

顺序号	项　目	单位	代　号	包边材料	
				粉黏土	砾类土
				1	2
1	人工	工日	1001001	42.6	61.3
2	粉黏土	m³	5501012新	(1300.00)	—
3	砾类土	m³	5501013新	—	(1326.00)
4	2.0m³ 以内轮胎式装载机	台班	8001047	0.19	0.28
5	150kW 以内自行式平地机	台班	8001060	0.15	0.15
6	20t 以内振动压路机	台班	8001090	1.50	1.12
7	基价	元	9999001	7135	8654

注：包边土如需洒水，洒水费用另计。

1-1-29新 整修沙基

工程内容 整修路拱:整型、压实。
整修边坡:放样、修整、成型。

单位:表列单位

顺序号	项目	单位	代号	整修路拱	整修边坡	
					推土机功率	
					165kW以内	280kW以内
				1000m²	1km	
				1	2	3
1	人工	工日	1001001	0.2	4.4	4.4
2	165kW以内履带式推土机	台班	8001007	—	6.70	—
3	280kW以内(D8N)履带式推土机	台班	8001133新	—	—	2.43
4	20t以内双驱振动压路机	台班	8001135新	0.14	—	—
5	185kW以内自行式低压胎平地机	台班	8001136新	0.13	1.62	1.62
6	基价	元	9999001	570	17246	11149

注:1.含路堑段积沙平台。
2.不适用于包边土路段。

第二章 路面工程

2-1-18新 铺设编织布

工程内容 放样、铺设编织布、接头处理、固定。

单位：1000m²

顺序号	项目	单位	代号	铺设编织布
				1
1	人工	工日	1001001	1.6
2	聚丙烯编织布	m²	5007006新	1030.0
3	其他材料费	元	7801001	7.1
4	基价	元	9999001	5317

2-1-19新 砂砾底基层养护

工程内容 补砂砾料、洒水、整型、碾压。

单位:1000m²·月

顺序号	项 目	单位	代 号	砂砾底基层养护
				1
1	人工	工日	1001001	0.6
2	砂砾	m³	5503007	3.08
3	其他材料费	元	7801001	1.7
4	20t以内双驱振动压路机	台班	8001135新	0.04
5	185kW以内自行式低压胎平地机	台班	8001136新	0.04
6	10000L以内洒水汽车	台班	8007043	2.06
7	基价	元	9999001	2649

2-1-20新　路面基层养护

工程内容　人工配合空压机吹清积沙、运出作业区。

单位：1000m²

顺序号	项　目	单位	代　号	基层养护
				1
1	人工	工日	1001001	0.7
2	其他材料费	元	7801001	1.0
3	4t 以内载货汽车	台班	8007003	0.14
4	9m³/min 以内机动空压机	台班	8017049	0.15
5	基价	元	9999001	249

第七章 临时工程

7-1-7新 修筑沙漠区砂砾便道

工程内容 放样、推筑沙基(含错车道)、压实、整平;铺编织布、铺砂砾料、整型、洒水、压实。

单位:1km

顺序号	项 目	单位	代 号	沙基宽7.0m,路面宽6.5m		沙基宽4.5m,路面宽3.5m	
				中轻沙区	重沙区	中轻沙区	重沙区
				1	2	3	4
1	人工	工日	1001001	11.6	12.3	7.7	8.4
2	聚丙烯编织布	m²	5007006新	7210.0	7210.0	4635.0	4635.0
3	天然级配(厚15cm)	m³	5503009	1243.00	1243.00	669.00	669.00
4	105kW以内履带式推土机	台班	8001004	1.15	1.15	0.62	0.62
5	280kW以内(D8N)履带式推土机	台班	8001133新	0.60	1.12	0.39	0.71
6	20t以内双驱振动压路机	台班	8001135新	1.30	1.30	0.86	0.86
7	185kW以内自行式低压胎平地机	台班	8001136新	0.68	0.68	0.41	0.41
8	6000L以内洒水汽车	台班	8007041	0.85	0.85	0.55	0.55
9	基价	元	9999001	119377	120863	68782	69726

7-1-8新　养护沙漠区砂砾便道

工程内容　补砂砾料、整平、洒水、碾压。

单位:km·月

顺序号	项目	单位	代号	便道路面宽度	
				6.5m	3.5m
				1	2
1	人工	工日	1001001	1	1
2	天然级配	m³	5503009	20.00	10.80
3	20t以内双驱振动压路机	台班	8001135新	0.28	0.15
4	185kW以内自行式低压胎平地机	台班	8001136新	0.26	0.14
5	6000L以内洒水汽车	台班	8007041	13.60	5.10
6	基价	元	9999001	11900	4906

7-1-9新 砂砾料运输汽车掉头平台

工程内容 放样、推填沙台、碾压、铺设编织布、铺砂砾料、整平、碾压。

单位:10处

顺序号	项 目	单位	代 号	公 路 等 级	
				二级公路	三、四级公路
				1	2
1	人工	工日	1001001	0.3	0.7
2	聚丙烯编织布	m²	5007006新	155.0	433.0
3	砂砾(厚20cm)	m³	5503007	27.00	77.00
4	105kW以内履带式推土机	台班	8001004	0.03	0.08
5	280kW以内(D8N)履带式推土机	台班	8001133新	0.12	0.26
6	20t以内双驱振动压路机	台班	8001135新	0.01	0.02
7	基价	元	9999001	2441	6655

7-1-10新 砂砾料转运场

工程内容 放样、推土机推筑、平整、碾压、铺设编织布,铺砂砾料、整平、碾压。

单位:10000m²

顺序号	项目	单位	代号	铺设面积	
				10000m²	每增减500m²
				1	2
1	人工	工日	1001001	16.4	0.8
2	聚丙烯编织布	m²	5007006新	10300.0	515.0
3	天然砂砾	m³	5503008	1288.00	64.00
4	105kW以内履带式推土机	台班	8001004	1.77	0.09
5	280kW以内(D8N)履带式推土机	台班	8001133新	1.39	0.07
6	20t以内双驱振动压路机	台班	8001135新	1.68	0.09
7	基价	元	9999001	85424	4274

7-1-11新　推挖集水坑

工程内容　放样、推挖、清理吸水口。

单位:1处

顺序号	项目	单位	代号	集水坑体积	
				1000m³	每增减100m³
				1	2
1	人工	工日	1001001	2	—
2	其他材料费	元	7801001	66.0	—
3	1.0m³以内履带式液压单斗挖掘机	台班	8001027	0.32	0.03
4	280kW以内(D8N)履带式推土机	台班	8001133新	0.67	0.07
5	基价	元	9999001	2480	226

第二部分 概算定额

第一章 路基工程

1-1-23新 原地面清理

工程内容 推土机推挖原地面盐壳、芦苇、杂草等,推弃路基外、推土机整平、压路机碾压;人工伐树配合推土机挖根、运出路基外。

单位:表列单位

顺序号	项目	单位	代号	清理、整平、碾压 （1000m²） 1	伐树挖根（直径10cm以上） （10棵） 2
1	人工	工日	1001001	0.5	1.9
2	165kW以内履带式推土机	台班	8001007	0.11	0.05
3	280kW以内(D8N)履带式推土机	台班	8001133新	0.21	—
4	20t以内双驱振动压路机	台班	8001135新	0.20	—
5	基价	元	9999001	1148	297

注:清表平均厚度30cm,超过30cm部分按推土机推沙计。

1-1-24新 推土机推沙

工程内容 推运沙、卸沙、空回、整理。

单位:1000m³ 天然密实方

顺序号	项目	单位	代号	推土机功率					
				165kW 以内		240kW 以内		280kW 以内	
				第一个20m	每增运10m	第一个20m	每增运10m	第一个20m	每增运10m
				1	2	3	4	5	6
1	人工	工日	1001001	0.3	—	0.3	—	0.3	—
2	165kW 以内履带式推土机	台班	8001007	0.98	0.40	—	—	—	—
3	240kW 以内履带式推土机	台班	8001008	—	—	0.70	0.29	—	—
4	280kW 以内(D8N)履带式推土机	台班	8001133新	—	—	—	—	0.52	0.21
5	基价	元	9999001	1889	758	1681	683	1444	570

注:上坡推运的坡度大于10%时,按坡面的斜距乘以表格系数作为运距。

坡度(%)	10~20	20~25	25~30
系数	1.5	2	2.5

1-1-25新　挖掘机挖装风积沙

工程内容　挖掘机挖沙装车、清理工作面。

单位:1000m³ 天然密实方

顺序号	项目	单位	代号	挖掘机斗容量	
				1.0m³ 以内	2.0m³ 以内
				1	2
1	人工	工日	1001001	0.6	0.6
2	105kW 以内履带式推土机	台班	8001004	0.25	0.14
3	1.0m³ 以内履带式液压单斗挖掘机	台班	8001027	1.67	—
4	2.0m³ 以内履带式液压单斗挖掘机	台班	8001030	—	1.01
5	基价	元	9999001	2354	1745

注:不装车时,挖掘机消耗量应乘以系数0.87。

1-1-26新 自卸汽车运输风积沙

工程内容 等待装车、运输、卸沙、空回。

单位：1000m³ 天然密实方

顺序号	项目	单位	代号	自卸汽车装载质量									
				10t 以内		12t 以内		15t 以内		20t 以内		30t 以内	
				第一个 1km	每增运 0.5km	第一个 1km	每增运 0.5km	第一个 1km	每增运 0.5km	第一个 1km	每增运 0.5km	第一个 1km	每增运 0.5km
				1	2	3	4	5	6	7	8	9	10
1	10t 以内自卸汽车	台班	8007015	7.48	1.09	—	—	—	—	—	—	—	—
2	12t 以内自卸汽车	台班	8007016	—	—	6.58	0.97	—	—	—	—	—	—
3	15t 以内自卸汽车	台班	8007017	—	—	—	—	5.63	0.86	—	—	—	—
4	20t 以内自卸汽车	台班	8007019							4.4	0.59	—	—
5	30t 以内自卸汽车	台班	8007020									3.39	0.47
6	基价	元	9999001	5679	828	5537	816	5218	797	4930	661	4598	637

1－1－27新　机械碾压沙基

Ⅰ.振动干压实

工程内容　推土机推沙基干压实：推土机整平排压、平地机精平、压路机振动压实。
　　　　　　汽车远运沙基干压实：推土机整平排压、平地机精平、压路机振动压实、适量洒水。
　　　　　　零填及挖方路基：推土机整型排压、压路机振动压实。

单位：表列单位

顺序号	项目	单位	代号	填方沙基干压实				零填及挖方路基	
				推土机推沙		汽车远运沙			
				高速、一级公路	二级及以下公路	高速、一级公路	二级及以下公路	高速、一级公路	二级及以下公路
				1000m³				1000m²	
				1	2	3	4	5	6
1	人工	工日	1001001	0.4	0.4	1.2	1.2	0.20	0.20
2	150kW以内自行式平地机	台班	8001060	0.11	0.11	0.16	0.16	—	—
3	280kW以内(D8N)推土机	台班	8001133新	0.33	0.33	0.19	0.19	0.14	0.14
4	20t以内双驱振动压路机	台班	8001135新	0.72	0.48	1.12	0.88	0.34	0.29
5	8000L以内洒水汽车	台班	8007042	—	—	0.65	0.65		
6	基价	元	9999001	2239	1860	3238	2858	939	860

Ⅱ. 振动湿压实

工程内容 推土机推沙基湿压实:推土机整平排压、平地机精平、压路机振动压实。
汽车远借沙基湿压实:推土机整平排压、平地机精平、压路机振动压实。
零填及挖方路基:推土机整型排压、压路机振动压实。

单位:表列单位

顺序号	项目	单位	代号	填方沙基湿压实				零填及挖方路基	
				推土机推沙		汽车远运沙			
				高速、一级公路	二级及以下公路	高速、一级公路	二级及以下公路	高速、一级公路	二级及以下公路
				1000m³				1000m²	
				7	8	9	10	11	12
1	人工	工日	1001001	0.8	0.8	2.5	2.5	0.2	0.2
2	150kW 以内自行式平地机	台班	8001060	0.11	0.11	0.19	0.19	—	—
3	20t 以内振动压路机	台班	8001090	0.51	0.34	0.81	0.63	0.25	0.21
4	280kW 以内(D8N)推土机	台班	8001133 新	0.33	0.33	0.19	0.19	0.14	0.14
5	基价	元	9999001	1891	1641	2249	1984	768	709

1-1-28新 整型碾压沙基包边土

工程内容 人工配合装载机整型、平地机精平、压路机压实。

单位:1000m³ 压实方

顺序号	项目	单位	代号	包边材料	
				粉黏土	砾类土
				1	2
1	人工	工日	1001001	43.5	62.5
2	粉黏土	m³	5501012新	(1300.00)	—
3	砾类土	m³	5501013新	—	(1326.00)
4	2.0m³ 以内轮胎式装载机	台班	8001047	0.20	0.29
5	150kW 以内自行式平地机	台班	8001060	0.16	0.16
6	20t 以内振动压路机	台班	8001090	1.58	1.18
7	基价	元	9999001	7372	8894

注:包边土如需洒水,洒水费用另计。

1-1-29新 整修沙基

工程内容 整修路拱、整修边坡。

单位:表列单位

顺序号	项目	单位	代号	整修路拱	整修边坡	
					推土机功率	
					165kW以内	280kW以内
				1000m²	1km	
				1	2	3
1	人工	工日	1001001	0.2	4.5	4.5
2	165kW以内履带式推土机	台班	8001007	—	7.04	—
3	280kW以内(D8N)履带式推土机	台班	8001133新	—	—	2.55
4	20t以内双驱振动压路机	台班	8001135新	0.15	—	—
5	185kW以内自行式低压胎平地机	台班	8001136新	0.14	1.70	1.70
6	基价	元	9999001	611	18103	11687

注:1.含路堑段积沙平台。
　　2.不适用于包边土路段。

第二章 路面工程

2-1-12新 铺设编织布

工程内容 放样、铺设编织布、接头处理、固定。

单位：1000m²

顺序号	项目	单位	代号	铺设编织布
				1
1	人工	工日	1001001	1.7
2	聚丙烯编织布	m²	5007006新	1030.0
3	其他材料费	元	7801001	7.1
4	基价	元	9999001	5327

2-1-13新 砂砾底基层养护

工程内容 补砂砾料、洒水、整型、碾压。

单位:1000m²·月

顺序号	项 目	单位	代 号	砂砾底基层养护
				1
1	人工	工日	1001001	0.6
2	砂砾	m³	5503007	3.08
3	其他材料费	元	7801001	1.7
4	20t以内双驱振动压路机	台班	8001135新	0.04
5	185kW以内自行式低压胎平地机	台班	8001136新	0.04
6	10000L以内洒水汽车	台班	8007043	2.16
7	基价	元	9999001	2760

2–1–14新 路面基层养护

工程内容 人工配合空压机吹清积沙、运出作业区。

单位:1000m²

顺序号	项 目	单位	代 号	基层养护
				1
1	人工	工日	1001001	0.8
2	其他材料费	元	7801001	1.0
3	4t以内载货汽车	台班	8007003	0.15
4	9m³/min以内机动空压机	台班	8017049	0.16
5	基价	元	9999001	272

第七章 临时工程

7-1-7新 修筑沙漠区砂砾便道

工程内容 放样、推筑沙基(含错车道)、压实、整平;铺编织布、铺砂砾料、整型、洒水、压实。

单位:1km

顺序号	项目	单位	代号	沙基宽7.0m,路面宽6.5m		沙基宽4.5m,路面宽3.5m	
				中轻沙区	重沙区	中轻沙区	重沙区
				1	2	3	4
1	人工	工日	1001001	12.1	12.8	8	8.7
2	聚丙烯编织布	m²	5007006新	7210.0	7210.0	4635.0	4635.0
3	天然级配(厚15cm)	m³	5503009	1243.00	1243.00	669.00	669.00
4	105kW以内履带式推土机	台班	8001004	1.21	1.21	0.65	0.65
5	280kW以内(D8N)推土机	台班	8001133新	0.63	1.18	0.41	0.75
6	20t以内双驱振动压路机	台班	8001135新	1.37	1.37	0.90	0.90
7	185kW以内自行式低压胎平地机	台班	8001136新	0.71	0.71	0.43	0.43
8	6000L以内洒水汽车	台班	8007041	0.89	0.89	0.58	0.58
9	基价	元	9999001	119796	121364	69038	70036

7–1–8新　养护沙漠区砂砾便道

工程内容　补砂砾料、整平、洒水、碾压。

单位:km·月

顺序号	项　目	单位	代　号	便道路面宽度	
				6.5m	3.5m
				1	2
1	人工	工日	1001001	1.1	1.1
2	天然级配	m³	5503009	20.00	10.80
3	20t以内双驱振动压路机	台班	8001135新	0.29	0.16
4	185kW以内自行式低压胎平地机	台班	8001136新	0.27	0.15
5	6000L以内洒水汽车	台班	8007041	14.28	5.36
6	基价	元	9999001	12426	5139

7-1-9新 砂砾料运输汽车掉头平台

工程内容　放样、推填沙台、碾压、铺设编织布、铺砂砾料、整平、碾压。

单位:10处

顺序号	项目	单位	代号	公路等级	
				二级公路	三、四级公路
				1	2
1	人工	工日	1001001	0.3	0.7
2	聚丙烯编织布	m²	5007006新	155.0	433.0
3	砂砾(厚20cm)	m³	5503007	27.00	77.00
4	105kW以内履带式推土机	台班	8001004	0.03	0.08
5	280kW以内(D8N)履带式推土机	台班	8001133新	0.13	0.27
6	20t以内双驱振动压路机	台班	8001135新	0.01	0.02
7	基价	元	9999001	2468	6683

7-1-10新 砂砾料转运场

工程内容 放样、推土机推筑、平整、碾压、铺设编织布、铺砂砾料、整平、碾压。

单位:10000m²

顺序号	项 目	单位	代 号	铺 设 面 积	
				10000m²	每增减500m²
				1	2
1	人工	工日	1001001	17.1	0.8
2	聚丙烯编织布	m²	5007006新	10300.0	515.0
3	天然砂砾	m³	5503008	1288.00	64.00
4	105kW以内履带式推土机	台班	8001004	1.86	0.09
5	280kW以内(D8N)履带式推土机	台班	8001133新	1.46	0.07
6	20t以内双驱振动压路机	台班	8001135新	1.76	0.09
7	基价	元	9999001	85922	4274

7-1-11新 推挖集水坑

工程内容 放样、推挖、清理吸水口。

单位:1处

顺序号	项 目	单位	代 号	集水坑体积	
				1000m³	每增减100m³
				1	2
1	人工	工日	1001001	2.1	—
2	其他材料费	元	7801001	66.0	—
3	1.0m³ 以内履带式液压单斗挖掘机	台班	8001027	0.34	0.03
4	280kW 以内(D8N)履带式推土机	台班	8001133新	0.71	0.07
5	基价	元	9999001	2624	226

第三部分 估算指标

第一章 路基工程

1-11新 推土机推沙

工程内容 原地面清理、推运沙、卸沙等全部工序。

单位：1000m³ 天然密实方

顺序号	项 目	单位	代 号	推土机功率					
				165kW 以内		240kW 以内		280kW 以内	
				第一个20m	每增运10m	第一个20m	每增运10m	第一个20m	每增运10m
				1	2	3	4	5	6
1	人工	工日	1001001	0.3	—	0.3	—	0.3	—
2	165kW 以内履带式推土机	台班	8001007	1.03	0.42	—	—	—	—
3	240kW 以内履带式推土机	台班	8001008	—	—	0.74	0.30	—	—
4	280kW 以内(D8N)履带式推土机	台班	8001133新	—	—	—	—	0.55	0.22
5	基价	元	9999001	1984	796	1775	707	1526	597

注：上坡推运的坡度大于10%时，按坡面的斜距乘以表格系数作为运距。

坡度(%)	10~20	20~25	25~30
系数	1.5	2	2.5

1－12新 挖掘机挖装风积沙

工程内容 原地面清理、挖掘机挖沙装车等全部工序。

单位:1000m³ 天然密实方

顺序号	项 目	单位	代 号	挖装风积沙
				1
1	人工	工日	1001001	2.52
2	105kW 以内履带式推土机	台班	8001004	0.03
3	165kW 以内履带式推土机	台班	8001007	0.45
4	1.0m³ 以内履带式液压单斗挖掘机	台班	8001027	0.04
5	2.0m³ 以内履带式液压单斗挖掘机	台班	8001030	1.01
6	基价	元	9999001	2717

1–13新 自卸汽车运输风积沙

工程内容 等待装车、运输、卸沙、空回。

单位：1000m³ 天然密实方

顺序号	项目	单位	代号	自卸汽车远运沙					
				自卸汽车装载质量					
				10t 以内		20t 以内		30t 以内	
				第一个 1km	每增运 0.5km	第一个 1km	每增运 0.5km	第一个 1km	每增运 0.5km
				1	2	3	4	5	6
1	10t 以内自卸汽车	台班	8007015	7.85	1.14	—	—	—	—
2	12t 以内自卸汽车	台班	8007016	—	—	2.00	0.30	—	—
3	15t 以内自卸汽车	台班	8007017	—	—	1.70	0.25	—	—
4	20t 以内自卸汽车	台班	8007019	—	—	1.78	0.23	—	—
5	30t 以内自卸汽车	台班	8007020	—	—	—	—	3.60	0.49
6	基价	元	9999001	5960	865	5253	742	4882	665

1-14新 填沙路基

工程内容 填沙路基碾压等全部工序。

单位：1000m³ 压实方

顺序号	项目	单位	代号	高速、一级公路		二级及以下公路	
				推土机推沙	汽车远运沙	推土机推沙	汽车远运沙
				1	2	3	4
1	人工	工日	1001001	1.2	1.8	1.1	1.7
2	150kW以内自行式平地机	台班	8001060	0.12	0.17	0.12	0.17
3	280kW以内(D8N)推土机	台班	8001133新	0.51	0.28	0.51	0.28
4	20t以内双驱振动压路机	台班	8001135新	0.96	1.37	0.70	1.12
5	8000L以内洒水汽车	台班	8007042	—	0.68	—	0.68
6	基价	元	9999001	3207	3984	2786	3579

1-15新 路基零星工程

工程内容 整修路拱、整修边坡、零填及挖方路基碾压等全部工序。

单位:1km

顺序号	项 目	单位	代 号	高速、一级公路	二级及以下公路
				1	2
1	人工	工日	1001001	67.5	49.4
2	165kW以内履带式推土机	台班	8001007	7.38	7.38
3	150kW以内自行式平地机	台班	8001060	0.34	0.17
4	280kW以内(D8N)履带式推土机	台班	8001133新	0.15	0.15
5	20t以内双驱振动压路机	台班	8001135新	1.23	0.82
6	185kW以内自行式低压胎平地机	台班	8001136新	3.78	1.79
7	基价	元	9999001	33537	25700

注:如需包边土,可采用相关概算定额。

第二章 路面工程

2-9新 路面附属工程

工程内容 铺设编织布、路面基层及砂砾底基层养护等全部工序。

单位:1000m²

顺序号	项 目	单位	代 号	路面基层及底基层
				1
1	人工	工日	1001001	3.5
2	聚丙烯编织布	m²	5007006新	1091.8
3	砂砾	m³	5503007	6.2
4	其他材料费	元	7801001	12.0
5	20t以内双驱振动压路机	台班	8001135新	0.06
6	185kW以内自行式低压胎平地机	台班	8001136新	0.06
7	4t以内载重汽车	台班	8007003	0.16
8	10000L以内洒水汽车	台班	8007043	2.31
9	9m³/min以内机动空压机	台班	8017049	0.18
10	基价	元	9999001	9124

第七章 临时工程

7-5新 沙漠区砂砾便道

工程内容 砂砾便道路基、铺设编织布、路面、养护等全部工序。

单位:1km

顺序号	项目	单位	代号	路(沙)基宽7.0m,路面宽6.5m		路(沙)基宽4.5m,路面宽3.5m	
				中轻沙区	重沙区	中轻沙区	重沙区
				1	2	3	4
1	人工	工日	1001001	14.5	15.3	10.0	10.8
2	聚丙烯编织布	m²	5007006新	7931.0	7931.0	5098.5	5098.5
3	天然级配(厚15cm)	m³	5503009	1941.50	1941.50	827.20	827.20
4	105kW以内履带式推土机	台班	8001004	1.33	1.33	0.72	0.72
5	280kW以内(D8N)履带式推土机	台班	8001133新	0.67	1.24	0.43	0.79
6	20t以内双驱振动压路机	台班	8001135新	1.51	1.51	1.00	1.00
7	185kW以内自行式低压胎平地机	台班	8001136新	0.78	0.78	0.47	0.47
8	6000L以内洒水汽车	台班	8007041	1.50	1.50	0.86	0.86
9	基价	元	9999001	166766	168399	81676	82739

7-6新 沙漠区其他临时工程

工程内容 放样、修筑掉头平台、转运场、集水坑。

单位:1公路公里

顺序号	项目	单位	代号	掉头平台、转运场、集水坑
				1
1	人工	工日	1001001	24.3
2	聚丙烯编织布	m²	5007006新	5857.0
3	砂砾(厚20cm)	m³	5503007	5.70
4	天然砂砾	m³	5503008	744.00
5	其他材料费	元	7801001	6.8
6	105kW以内履带式推土机	台班	8001004	1.27
7	1.0m³以内履带式液压单斗挖掘机	台班	8001027	0.04
8	280kW以内(D8N)履带式推土机	台班	8001133新	1.11
9	20t以内双驱振动压路机	台班	8001135新	1.20
10	基价	元	9999001	52267

附录1　定额材料单价表

序号	名　称	代　号	规　　格	单位	单位质量(kg)	场内运输及操作损耗	单价(元)
1	聚丙烯编织布	5007006新		m^2	0.16	2	4.99
2	粉黏土	5501012新	堆方	m^3	1400	4	11.65
3	砾类土	5501013新	天然堆方	m^3	1700	2	21.36

附录2　机械台班

顺序号	代　号	机械名称	规格型号	不变费用			
				折旧费	检修费	维护费	安拆辅助费	小计
				元				
1	8001133新	280kW以内(D8N)推土机		831.34	52.57	107.34		991.25
2	8001134新	310kW以内(D9N)推土机		950.14	58.16	109.30		1117.60
3	8001135新	20t以内双驱振动压路机		284.77	78.3	244.97		608.04
4	8001136新	185kW以内自行式低压胎平地机		586.28	145.97	511.55		1243.80
5	8001137新	沙漠车(尤尼莫克)		497.46	71.98	287.39		856.83
6	8001138新	沙漠车(加油车)		1008.58	157.41	628.45		1794.44

费用定额

| 人工 | 可变费用 | | | | | | | | | 定额基价 |
| | 汽油 | 柴油 | 重油 | 煤 | 电 | 水 | 木柴 | 其他费用 | 小计 | |
工日		kg		t	kW·h	m³	kg		元	
2		203.21							1724.44	2715.69
2		208.32							1762.46	2880.06
2		102.32							973.82	1581.86
2		142.97							1276.26	2520.06
2		201							1708.00	2564.83
2		281							2303.20	4097.64

新疆罗布泊地区盐岩路基预算定额

总 说 明

一、《新疆罗布泊地区盐岩路基预算定额》(以下简称"本定额")是地区性公路专业特殊项目定额,适用于新疆罗布泊地区盐岩路基工程计价,是编制盐岩路基工程施工图预算的依据。

二、本定额为盐岩路基工程预算定额。与一般地区公路工程相同的项目,遵从交通运输部《公路工程建设项目概算预算编制办法》(JTG 3830—2018);与交通运输部《公路工程预算定额》(JTG/T 3832—2018)(以下简称《预算定额》)及《新疆维吾尔自治区公路建设项目估概预算编制办法补充规定》(新交规〔2021〕1号)(以下简称《补充规定》)配套使用。

三、本定额按每工日(台班)8h计算。

四、本定额的基价是人工费、材料费、机械使用费的合计价值。基价中的人工费、材料费按《预算定额》附录四计算,机械台班单价按《公路工程机械台班费用定额》(JTG/T 3833—2018)规定计算,新增机械按本定额中"附录机械台班费用定额"计算。

五、定额说明及工程计量规则。

(一)预算定额。

1. 盐岩便道:以1km为单位,编1目;盐岩便道指料场(盐岩料场、卤水坑)等至路线间运输距离,便道长度由设计提出。

2. 原地面整平碾压:以1000m^2为单位,编1目;适用于罗布泊地区公路原地面的整平与碾压。

3. 推土机推盐岩:以1000m^3天然密实方为单位,编1目。

4. 装载机装盐岩:以 1000m³ 天然密实方为单位,按装载机斗容量不同分 2 目。

5. 自卸汽车运输盐岩:以 1000m³ 天然密实方为单位,按自卸汽车装载质量不同分 3 目。

6. 机械碾压盐岩路基:以 1000m³ 压实方为单位,根据路基填筑方式不同分 2 目。

7. 整修盐岩路基:分整修路拱和整修边坡 2 目。整修路拱以 1000m² 为单位,整修边坡以 1km 为单位。

8. 机械开挖集水坑:以 1 处为单位,每处开挖按体积计价,编 1 目。集水坑开挖数量及体积由设计提出。

9. 洒水汽车洒卤水:以 1000m³ 卤水为单位,根据洒水汽车容量不同分为 2 目。本定额不含卤水费用。

10. 盐岩及卤水运输平均运距在 15km 以内时,适用本定额;当平均运距超过 15km 时,按《补充规定》执行。

(二)盐岩体积计算。

盐岩单位质量为 1.499t/m³。盐岩挖方按天然密实体积计算,填方按压实体积计算。当以填方压实体积为工程量,采用天然压实方为计量单位的定额时,采用的定额乘以系数 1.5。

六、罗布泊地区公路取费要求。

1. 原地面整平碾压、推土机推集盐岩、装载机装盐岩、机械碾压盐岩路基、整修盐岩路基、机械开挖集水坑按土方取费。

2. 自卸汽车运输盐岩、洒水车洒水按运输取费。

3. 盐岩便道按路面取费。

4. 根据地理自然环境,罗布泊地区划分为风沙三区。

1-1-30新 盐岩便道

工程内容 放样、整平、碾压。

单位:1km

顺序号	项 目	单位	代 号	宽4.5m
				1
1	人工	工日	1001001	0.4
2	240kW以内履带式推土机	台班	8001008	2.22
3	20t以内振动压路机	台班	8001090	1.46
4	基价	元	9999001	7412

1-1-31新 原地面整平碾压

工程内容 放样、整平、精平、碾压。

单位:1000m²

顺序号	项　目	单位	代　号	整平碾压
				1
1	人工	工日	1001001	0.5
2	240kW以内履带式推土机	台班	8001008	0.18
3	220kW以内自行式平地机	台班	8001063	0.06
4	20t以内振动压路机	台班	8001090	0.14
5	基价	元	9999001	810

1-1-32新 推土机推盐岩

工程内容 放样、推、运、卸、空回、整理。

单位:1000m³ 天然密实方

顺序号	项目	单位	代号	320kW 以内	
				第一个 20m	每增运 10m
				1	2
1	人工	工日	1001001	2.4	—
2	320kW 以内履带式推土机	台班	8001009	1.77	0.53
3	基价	元	9999001	5974	1713

1-1-33新 装载机装盐岩

工程内容 装车、调位、整理。

单位:1000m³ 天然密实方

顺序号	项 目	单位	代 号	装载机斗容量	
				2.0m³ 以内	3.0m³ 以内
				1	2
1	2.0m³ 以内轮胎式装载机	台班	8001047	1.56	—
2	3.0m³ 以内轮胎式装载机	台班	8001049	—	1.16
3	基价	元	9999001	1537	1450

1−1−34新　自卸汽车运输盐岩

工程内容　等待装车、运、卸、空回。

单位:1000m³ 天然密实方

顺序号	项目	单位	代号	自卸汽车装载质量					
				15t 以内		20t 以内		30t 以内	
				第一个 1km	每增运 0.5km	第一个 1km	每增运 0.5km	第一个 1km	每增运 0.5km
				1	2	3	4	5	6
1	15t 以内自卸汽车	台班	8007017	6.64	0.70	—	—	—	—
2	20t 以内自卸汽车	台班	8007019	—	—	5.33	0.57	—	—
3	30t 以内自卸汽车	台班	8007020	—	—	—	—	4.00	0.43
4	基价	元	9999001	6154	649	5972	639	5425	583

1-1-35新 机械碾压盐岩路基

工程内容 路侧推盐岩:放样、铺筑、破碎、精平、碾压。
　　　　　　远运盐岩:铺筑、粗平、破碎、精平、碾压。

单位:1000m³ 压实方

顺序号	项 目	单位	代 号	路侧推盐岩 1	远运盐岩 2
1	人工	工日	1001001	8.7	8.7
2	320kW 以内履带式推土机	台班	8001009	0.71	0.66
3	2.0m³ 以内履带式液压单斗挖掘机	台班	8001030	1.53	—
4	220kW 以内自行式平地机	台班	8001063	0.35	0.29
5	20t 以内振动压路机	台班	8001090	0.74	0.71
6	15t 以内拖式振动碾(含头)	台班	8001094	0.86	0.78
7	20t 以内凸块振动压路机	台班	8001139新	0.77	0.66
8	基价	元	9999001	10306	7334

1-1-36新 整修盐岩路基

工程内容 整修路拱:整平、破碎、修整路拱、碾压。
整修边坡:破碎、修整、铺平、碾压。

单位:表列单位

顺序号	项目	单位	代号	整修路拱 1000m²	整修边坡 1km
				1	2
1	人工	工日	1001001	2.1	4.8
2	165kW以内推土机	台班	8001007	—	0.76
3	320kW以内履带式推土机	台班	8001009	0.21	0.97
4	220kW以内自行式平地机	台班	8001063	0.26	0.55
5	20t以内振动压路机	台班	8001090	0.18	0.42
6	15t以内拖式振动碾(含头)	台班	8001094	0.22	—
7	20t以内凸块振动压路机	台班	8001139新	0.18	—
8	基价	元	9999001	2446	6869

1-1-37新 机械开挖集水坑

工程内容 放样、推挖、清理。

单位:1处

顺序号	项 目	单位	代 号	集水坑体积	
				1000m³	每增减100m³
				1	2
1	人工	工日	1001001	4.7	—
2	320kW以内履带式推土机	台班	8001009	1.59	0.14
3	2.0m³以内履带式液压单斗挖掘机	台班	8001030	1.89	0.17
4	基价	元	9999001	8475	708

1-1-38新 洒水车洒卤水

工程内容 吸卤水、运卤水、洒卤水、空回。

单位:1000m³ 卤水

顺序号	项目	单位	代号	洒水汽车容量							
				8000L 以内				10000L 以内			
				第一个 1km	每增运 0.5km			第一个 1km	每增运 0.5km		
					平均运距(km)				平均运距(km)		
					5 以内	10 以内	15 以内		5 以内	10 以内	15 以内
				1	2	3	4	5	6	7	8
1	8000L 以内洒水汽车	台班	8007042	1.28	0.54	0.49	0.47	—	—	—	—
2	10000L 以内洒水汽车	台班	8007043	—	—	—	—	9.85	0.37	0.33	0.31
3	基价	元	9999001	1158	488	443	425	10883	409	365	343

注:卤水需要计费时,另行计算。

附录　机械台班

顺序号	代　号	机械名称	规格型号	不变费用				
				折旧费	检修费	维护费	安拆辅助费	小计
				元				
1	8001139新	20t以内凸块振动压路机		215.63	91.94	261.5		569.07

费用定额

人工	可变费用									定额基价
	汽油	柴油	重油	煤	电	水	木柴	其他费用	小计	
工日		kg			t	kW·h	m³	kg		元	
2		130.40							1182.74	1751.81